兒童文學叢書
・影響世界的人・

陋室底下的光芒
居禮夫人的故事

石家興／著

吳健豐／繪

國家圖書館出版品預行編目資料

陋室底下的光芒：居禮夫人的故事 /
　石家興著;吳健豐繪.－－二版一刷.－－臺北市:
三民，2014
　　面；　公分－－(兒童文學叢書‧影響世界的
人)

　ISBN 978－957－14－3996－9　(精裝)

　1.居禮(Curie, Marie, 1867－1934) 2.傳記 3.通俗
作品

784.28

◎陋室底下的光芒
——居禮夫人的故事

著 作 人	石家興
繪 者	吳健豐
發 行 人	劉振強
著作財產權人	三民書局股份有限公司
發 行 所	三民書局股份有限公司
	地址　臺北市復興北路386號
	電話　(02)25006600
	郵撥帳號　0009998－5
門 市 部	(復北店)臺北市復興北路386號
	(重南店)臺北市重慶南路一段61號
出 版 日 期	初版一刷　2004年4月
	二版一刷　2014年3月
編 號	S 781131

行政院新聞局登記證局版臺業字第○二○○號

有著作權‧不准侵害

ISBN　978-957-14-3996-9　（精裝）

http://www.sanmin.com.tw　三民網路書店

多彩多姿的世界

（主編的話）

　　小時候常常和朋友們坐在後院的陽臺，欣賞雨後的天空，尤其是看到那多彩多姿的彩虹時，我們就爭相細數，看誰數到最多的色彩——紅、黃、藍、橙、綠、紫、靛，是這些不同的顏色，讓我們目迷神馳，也讓我們總愛仰望天際，找尋彩虹，找尋自己喜愛的色彩。

　　世界不就是因有了這麼多顏色而多彩多姿嗎？人類也因為各有不同的特色，各自提供不同的才能和奉獻，使我們生活的世界更為豐富多彩。

　　「影響世界的人」這一套書，就是經由這樣的思考而產生，也是三民書局在推出「藝術家系列」、「文學家系列」、「童話小天地」以及「音樂家系列」之後，策劃已久的第六套兒童文學系列。在這個沒有英雄也沒有主色的年代，希望小朋友從閱讀中激勵出各自不同的興趣，而各展所長。我們的生活中，也因為有各行各業的人群，埋頭苦幹的付出與奉獻，代代相傳，才使人類的生活走向更為美好多元的境界。

　　這一套書一共收集了十二位傳主（當然影響世界的人，包括了形形色色的人群，豈止十二人，一百二十人都不止），包括了宗教、哲學、醫學、教育與生物、物理等人文與自然科學。這一套書的作者，和以往一樣，皆學有專精又關心下一代兒童讀物，所以在文字和內容上都是以深入淺出的方式，由作者以文學之筆，讓孩子們在快樂的閱讀中，認識並接近那影響世界的人，是如何為人類付出貢獻，帶來福祉。

　　第一次為孩子們寫書的龔則韞，她主修生化，由她來寫生物學家孟德爾，自然得心應手，不作第二人想。還有唐念祖學的是物理，一口氣寫了牛頓與愛因斯坦兩位大師，生動又有趣。李笠雖主修外文，但對宗教深有研究。謝謝他們三位開始加入為小朋友寫作的行列，一起為兒童文學耕耘。

　　宗教方面除了李笠寫的穆罕默德外，還有王明心所寫的耶穌，和李民安所寫的釋迦牟尼，小朋友讀過之後，對宗教必定有較為深入的了解。她們兩位都是寫童書的高手，王明心獲得 2003 年兒童及少年圖書金鼎獎，李民安則獲得 2000 年小太陽獎。

許懷哲的悲天憫人和仁心仁術，為人類解除痛苦，由醫學院出身的喻麗清來寫他，最為深刻感人。喻麗清多才多藝，「藝術家系列」中有好幾本她的創作都得到大獎。而原本學醫的她與許懷哲醫生是同行，寫來更加生動。姚嘉為的文學根基深厚，把博學的亞里斯多德介紹給小朋友，深入淺出，相信喜愛思考的孩子一定能受到啟發。李寬宏雖然是核子工程博士，但是喜愛文學、音樂的他，把嚴肅的孔子寫得多麼親切可愛，小朋友讀了孔子的故事，也許就更想多去了解孔子的學說了。

馬可波羅的故事我們聽得很多，但是陳永秀第一次把馬可波羅的故事，有系統的介紹給大家，不僅有趣，還有很多史實，永秀一向認真，為寫此書做了很多研究工作。而張燕風一向喜愛收集，為寫此書，她做了很多筆記，這次她讓我們認識了電話的發明人貝爾。我們能想像沒有電話的生活會是如何的困難和不便嗎？貝爾是怎麼發明電話的？小朋友一定迫不及待的想讀這本書，也許從中還能找到靈感呢！居禮夫人在科學上的貢獻舉世皆知，但是有多少人了解她不屈不撓的堅持？如果沒有放射線的發現，我們今天不會有方便的 X 光檢查及放射性治療，也不會有核能發電及同位素的普遍利用。石家興在述說居禮夫人的故事時，本身也是學科學的他，希望孩子們從閱讀中，能領悟到居禮夫人鍥而不捨的精神，那是一位真正的科學家，腳踏實地的真實寫照。

閱讀這十二篇書稿，寫完總序，窗外的春意已濃，這兩年來，經過了編輯們的認真編排，才使這一套書籍得以在孩子們面前呈現。在歲月的流逝中，這是多麼令人高興的事，我相信每一位參與寫作的朋友，都會和我有一樣愉悅的心情，因為我們都興高采烈的在一起搭一座彩虹橋，期望未來的世界更多彩多姿。

作者的話

　　還記得在做研究生的時候，每當做實驗時，利用帶有放射性的同位素，以追蹤某些化合物在動物體中的轉化途徑，總覺得人真聰明，怎麼會想到這些方法？憑著同位素，竟把生物體內的化學反應及新陳代謝的路線全摸索出來了。看著牆上貼著大張密密麻麻的新陳代謝圖表，比公路地圖還要細密，總使我感到又欽佩又感動，這是多少科學家，多少年的心血！但是，所有的科學家們都要感謝一個人，那就是「放射性之母」居禮夫人。

　　居禮夫人的一生，是一篇引人入勝的真實故事，她出生於清苦家庭，少年時期便飽受帝俄政治壓迫之苦，憑著毅力，終於能去巴黎讀書，但是貧病交加，與皮耶・居禮結婚後，學業與家庭才漸入佳境，卻又發生皮耶過馬路時，不幸被馬車撞倒而當場死亡的慘劇。從此，居禮夫人與孤獨寂寞為伴，一邊持家，一邊教課研究，終於追尋出放射性的奇妙，在科學上大放光華。

　　這樣坎坷的人生，不免令人疑問，究竟成就一位偉大科學家的條件是什麼？顯然不是享受富裕的生活，也不是擁有驚人的研究設備，更不是一般人認為的少有大志，如果居禮夫人是一個典範，也許可從她的一生中，歸納出三個特色：一是過人的聰明，二是堅強的意志，三是因緣機遇。聰明過人，方可見人所未見，成人所未成；有堅強的意志，才能吃得苦中苦，堅持自己的理想。機緣巧合，與皮耶成婚，與鐳元素

結緣，而開闢新世界。聰明不可恃，機緣不可求，自我要求的便是能吃苦，能耐勞，小朋友讀了居禮夫人的故事，是不是也會有所感想與啟發呢？

　　感謝三民書局多年來持續為下一代出版文學叢書，使我也有機會，繼《細胞歷險記》之後，再次與小明、小華、小強一起聽王伯伯講故事。

石家興

居禮夫人

這是全新的試探，沒有前人的軌跡可循，
又因廠房設備簡陋，工作苦不堪言，
居禮夫人卻堅決的說：「即使要一百年，我也絕不放手。」

又是一個炎熱的夏天，學校放暑假，小強在家待久了，正感到無聊時，門鈴響了，打開門，卻見到小明愁眉不展。

「怎麼了？」小強忍不住關心的看著小明。

「我剛剛接到小華的電話，他爸爸被車子撞倒，進了醫院急診。我們是不是應該去醫院看看王伯伯？」小明焦慮的說。

「那當然囉！王伯伯總是對我們那麼好。」小強想起小華的爸爸一向對他們很慈祥。

到了醫院，小華的爸爸已經由醫生檢查完畢，幸好只有臂部骨折，並無大礙，但必須在病房休息兩天，再檢查確定沒有腦震盪才可返家。小明和小強知道王伯伯傷勢不嚴重，也就不再憂慮，一老三小就在病房聊起天來。

一向好奇心重的小明，看到王伯伯左臂包著石膏，忍不住問：「王伯伯，您的手痛不痛？要多久才會好啊？」

「不要緊的，手臂骨折用石膏固定，不久就自然會長好。」王伯伯是位教授，很習慣學生的詢問，對孩子們的問題也總是耐心的回答。

　　「我覺得很奇怪，醫生怎麼知道您骨
折？又怎麼知道什麼時候骨頭已經長好？」
小強也忍不住問。

　　「照 X 光就知道了。」小華經過了剛才
的醫檢過程，增加了不少常識。

　　「 X 光是什麼啊？」好奇的小明興趣更
高了。

「X光是一種放射線，它可穿透皮膚與肌肉，但是不能穿透骨骼。如果人體背後放置照相用的感光底片，便可看出不同深淺的陰影，透視體內的構造，如果有骨折，立即可以顯示出來，一個月後我的骨骼長好了，X光也可檢查出來。」

「哇！好棒啊！」三人同時叫著。

「爸，Ｘ光這麼的厲害，是誰發明的啊？」小華接著發問。

「最早發現Ｘ光的是一位名叫侖琴的德國人，但是真正發揚光大的是居禮一家人，就是皮耶和瑪麗，以及他們的女兒愛琳。瑪麗‧居禮就是大名鼎鼎的居禮夫人喔。說來難以置信，他們一家得過三次諾貝爾獎。第一次是皮耶和瑪麗，第二次是瑪麗，第三次是愛琳和她的夫婿，其中功勞最大的便是居禮夫人。居禮夫人一生的故事非常傳奇，也非常感人。」

「可不可以講居禮夫人的故事給我們聽？」三人迫不及待的同聲請求。

居禮夫人是小華的爸爸最敬重的科學家，他一向樂於向學生傳述，現在孩子們向他請求，更是義不容辭。

「好，我喜歡你們的好奇心，居禮夫人也是這樣的一個人，從小愛追究問題，希望你們會喜歡她的故事。」

困苦的童年

　　居禮夫人原名叫瑪麗‧史克羅可多士卡，西元 1867 年她出生於波蘭首都華沙。瑪麗出生在一個重視教育的家庭，爸爸在大學教書，是一位科學家；媽媽也在學校教音樂，在瑪麗出生後，因為健康越來越差，孩子又小，就全職在家照顧他們。

　　瑪麗有三個姐姐和一個哥哥，她是五個孩子中最小的，但是姐姐讀書時她總愛在旁邊聽，還不到四歲，竟然拿起姐姐的書就讀起來了，有時遇到讀不出的字就急得要哭出來，媽媽只好安慰她：「瑪麗，妳才四歲，不要急。」

　　好奇心強，記憶過人，又凡事好問，有時爸爸會帶她去研究室，她站在小凳子上，在實驗室中東張西望，還指著櫃

子裡的玻璃瓶「這是什麼？那是什麼？」的問個不停，鍾愛她的爸爸也都一一耐心回答。

瑪麗從小看著爸爸整天在實驗室中工作，但是一走出實驗室，雖然疲倦，臉上卻滿是笑容，她想爸爸一定在裡面發現到好玩的東西。

「爸，科學家是做什麼的啊？」有一天她問父親。

「我想是找出事物的真相吧。」爸爸回答她。

能找到事物的真相，真是太美妙了。

姐妹情深

　　瑪麗全家僅靠爸爸微薄的薪水過活，而大部分的薪水又都用來為媽媽治病，家境非常困苦。在瑪麗九歲時，二姐染上傳染病，不久去世；母親的肺病也更加嚴重了。肺病在當時並沒有特效藥，雖然花了好多錢，但是媽媽的病並沒有好轉，不久病逝，此時瑪麗才十一歲。為了減輕爸爸的負擔，瑪麗和比她大三歲的姐姐只好住到富人家，兼任家庭老師，為他們的孩子輔導功課，這樣不僅節省家庭開銷，每個月也可以賺一些錢貼補家用。

　　波蘭當時被俄羅斯帝國統治，不允許波蘭人受高等教育，只有俄國人或有特權的人才有機會進大學，學校所教的全是俄文和俄羅斯文化。在俄羅斯帝國統治下，熱愛波蘭的知識分子，偷偷組織了地下大學，互相傳授波蘭文化。瑪麗一家熱愛波蘭，對當時政治情況感到失望和痛苦，冒著政治上的危險，也熱心於同胞的教育工

作。身為教授的爸爸，一邊在家教授兒女波蘭文，同時也一心一意為兒女的前途設想。

　　爸爸看到年輕聰慧的瑪麗，熱心幫忙教導波蘭少年，他感到非常驕傲，但是也有愛女心切的憂慮。有一次他忍不住對瑪麗說：「瑪麗，妳和姐姐熱心幫助小朋友，讓他們不忘祖國文化，我很感動，但是妳聰明過人，千萬不要放棄追尋自己的理想，我希望妳能去國外留學。我們生活雖然辛苦，但也不是全無機會，我會為妳們想辦法，學成之後再回波蘭也不晚。」

9

爸爸的一席話，好比一盞明燈，使瑪麗原本黯淡的前途露出一線曙光，得到爸爸的鼓勵後，她原先求學深造的夢想，又重新燃起希望。

　　原來瑪麗一心一意想往更高的學術殿堂求知，然而因家境的窘困，在俄國統治

下，波蘭人又不准上大學，這對於好學又求知若渴的瑪麗來說，真是痛苦萬分。她和姐姐雖然拚命努力工作，希望存錢去巴黎讀大學，但是這希望是多麼的渺茫而遙遠。

經過反覆思考，瑪麗覺得這樣下去，她和姐姐上大學的希望永遠無法實現，有一天，忍不住對姐姐說：「姐姐，我想不如把妳我兩人存下來的錢，合起來讓妳去巴黎讀書。」

「這怎麼可以，妳的犧牲太大了，而且我知道妳是多麼想上大學。」姐姐說。

「我們都想上大學，但是不這樣我們永遠沒辦法實現，妳一定要去巴黎上學，妳去了之後，等安定下來，再幫助我去求學，不然我們兩個人永遠無法存夠錢去讀書，我們的夢想也就永遠不能實現。」瑪麗堅持的說。

姐姐接受了瑪麗的幫助，把兩人存款合起來，終於如願去巴黎讀書。瑪麗也更加努力工作存錢，因為她再也不會放棄繼續求學、成為科學家的美夢。

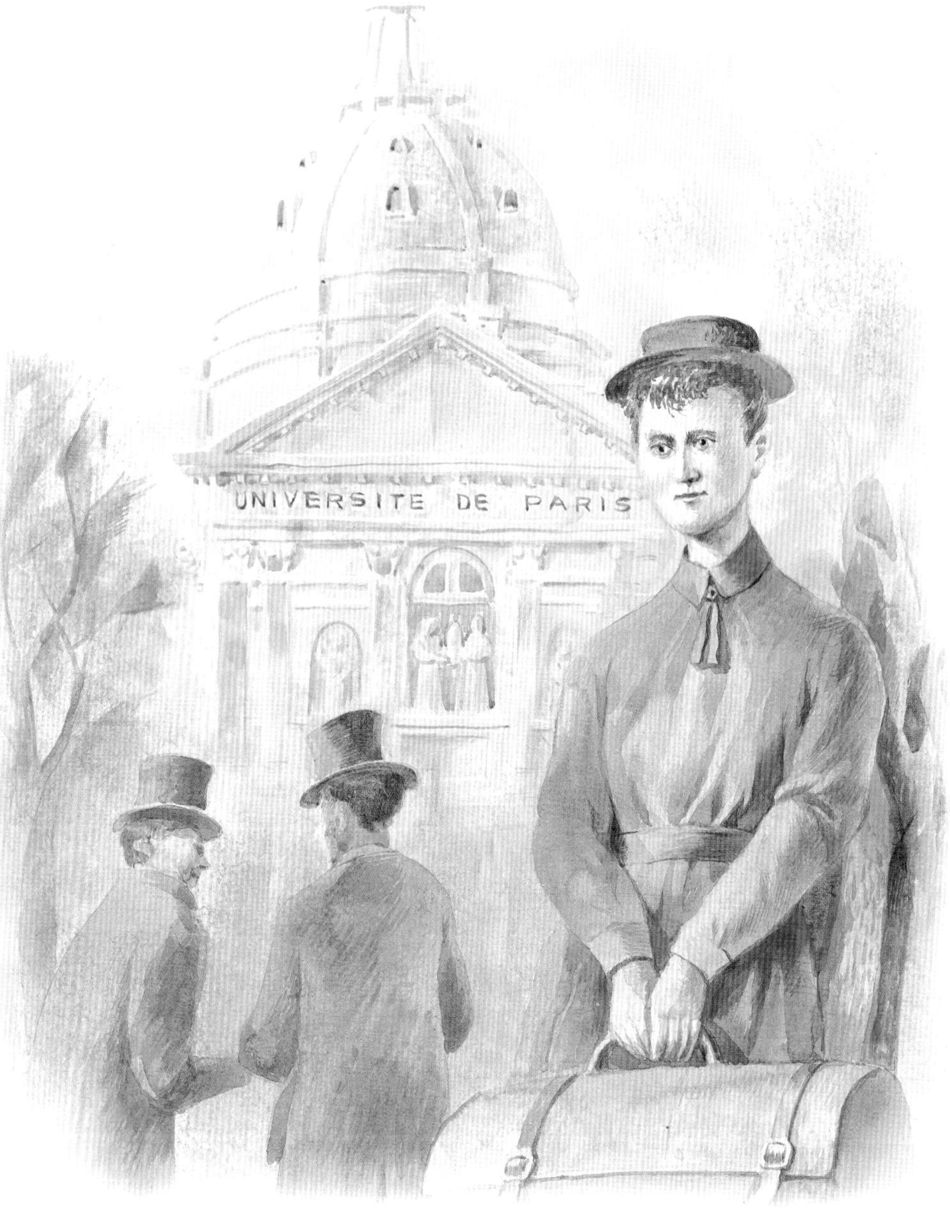
UNIVERSITE DE PARIS

苦盡甘來

姐姐到巴黎後省吃儉用，又遇到了情投意合的對象，成了家，安定下來。在姐姐的幫助下，瑪麗二十四歲那年，終於到法國巴黎求學。雖然生活還是非常困苦，但是她很高興有進修的機會。為了節省房租，本來和姐姐同住，但是姐姐結婚後，住處離學校比較遠，瑪麗為了上課與做實驗方便，只好在學校附近租一間小小的房間，那是一間冬冷夏熱的小閣樓。為了省錢，每天只靠麵包和茶水度日，但是好學的瑪麗一點也不覺得艱苦，她覺得可以讀書、可以學習新知的快樂，遠比吃飯還重要。

　　瑪麗這樣刻苦節儉的生活，不免影響健康。有一次在校園裡不幸昏倒，被送到醫務室急救，學校找來她的姐姐。姐姐看到她之後，一問之下才知道她已經兩三天沒有進食，僅以茶水維生，急得眼淚都掉出來了。

　　「瑪麗，妳怎麼這麼傻？如果身體壞了，求學又有什麼用呢？」

　　「姐姐，謝謝妳來，我也沒想到會這樣嚴重。」甦醒過來的瑪麗，也禁不住抱著姐姐哭了。

　　「跟我回去住吧，讓我幫妳把身體調養好。」

在姐姐的照顧之下，瑪麗逐漸恢復體力，但是才過了一個星期，瑪麗又關心起自己的功課，堅持要回學校上課，姐姐拗不過她，只有為她準備足夠的食物，送她復學。

到了冬天，瑪麗總是留在學校實驗室或圖書館裡讀書，原因是她租的小屋太冷了，又沒有錢燃煤油爐取暖，她只好以校為家，這樣她就可以讀書又不受凍，一舉兩得。

　　在一次偶然的機會中，瑪麗認識了皮
耶‧居禮，兩人對彼此的初次印象都非常
好。皮耶當時已是初露鋒芒的年輕教授，
個性非常拘謹內向，但和瑪麗討論學問
時，卻很投機。瑪麗有課業上或實驗上的
問題時，便去請教皮耶，皮耶總是很有耐
心的為瑪麗講解問題，從此瑪麗對皮耶的
印象更加深刻，也就時常去請教他。

　　當時瑪麗的生活與讀書環境都不好，
皮耶知道瑪麗的困難後，特地在他的實驗
室為她安排了一張書桌，便於瑪麗讀書，
同時也協助她做一些實驗，瑪麗的勤奮好
學和超人的智慧，不但令皮耶感動，也打
動了這位年輕教授的心。

　　瑪麗完成了物理學位後，接著又完成了相當於碩士的數學學位，她成績優異，都是以第一名畢業。思家心切的她，準備返回波蘭教書，便向皮耶告別。

　　這下子皮耶著急了：「妳怎麼可以放棄科學？妳怎麼可以這樣就走？」

　　其實他心中更想說的是：「妳怎麼可以放棄我？妳走了我怎麼辦？」

　　皮耶鼓足了勇氣，邀請瑪麗去見他的父母。皮耶的爸爸是醫生，媽媽是家庭主婦，他們都很喜歡瑪麗，一直鼓勵皮耶向瑪麗求婚。終於，在 1895 年，瑪麗二十八歲時，成為居禮夫人。

破屋底下的苦功

　　婚後的居禮夫婦，共同愛好研究，感情更深，第二年生下長女愛琳。這時居禮夫人身兼四職：人妻、人母、教師、研究員，並在皮耶的指導下，進修博士學位。

　　當時 X 射線與鈾元素剛被發現不久，但是沒有人能解釋鈾的 X 射線來自何處？於是與皮耶商討論文題目時，居禮夫人便決定探索鈾的 X 射線來源。

　　居禮夫人開始著手測量鈾和其他各種元素及各種物質的放射性，身為物理學家的皮耶，也為她設計出電流儀器，可以測量放射性的強弱。令她驚奇的是在鈾提煉後的廢礦中，發現更高的放射性。經過無數次驗證，他們便大膽的假設，另有更強的放射性元素。當時化學家們認為所有的元素都已經被找到了，元素週期表也相當完善。鈾是當時公認獨一無二，唯一具有放射性的元素，他們假設另有放射元素，太令人難以置信了。

18

　　對化學家來說，一種新的元素或新的物質，一定要摸得著、看得見，它的原子量或分子量，是必須要能被測定出來才算數的，只靠電流計的測量，說服力不足，居禮夫人便決定要把新元素從鈾礦中提煉出來。

　　但是有兩個大問題阻礙了這項計畫的進行，第一是去何處找大量的礦砂？新元素雖然放射性強，但含量極低，得要多少礦砂才能提煉出來？第二是他們必須要有一座工廠大小的工作間，才能做提煉的工作，到哪裡去找這麼大的實驗室？

天無絕人之路，想不到他們在奧地利找到一個礦場，抽取了鈾之後，剩下來的廢礦正愁沒有地方放，第一次就為居禮夫婦送來了一噸，居禮夫婦為此興奮了好幾天。

向校方爭取工作地點，得到的是一間破舊的倉庫，原本是醫學院學生用來解剖屍體的地方。這幢破屋，冬天結冰，夏天漏雨，實在破舊不堪，但是居禮夫婦還是

喜出望外的接受了。

　　有了原料又有了廠房，他們開始提煉新元素。提煉的過程包括熱熔、去鹽、過濾、沉澱、濃縮、結晶等等繁瑣的步驟。因為這是全新的試探，沒有前人的軌跡可循，又因廠房設備簡陋，工作苦不堪言，有許多次令人挫折灰心，居禮夫人卻堅決的說:「即使要一百年，我也絕不放手。」

陋室裡的光芒

　　1902 年的某一天，居禮夫婦照往常一樣，工作結束後回家吃過晚餐，照顧孩子洗澡、睡覺，經過了一天疲勞的工作，兩人卻都掛念著實驗結果。忙完瑣事，當兩人坐下來休息時，居禮夫人突然忍不住冒出一句：

　　「要不要去看看？」

　　皮耶也心領神會的立即回答：「走。」

　　兩人披上外套，又回到實驗室，居禮夫人故意不開燈，走進那放置結晶的陋室，同時問道：

　　「皮耶，你覺得它會是什麼樣子？」

　　「我猜它會發出美麗的光芒。」皮耶一邊走一邊回答著。

　　「啊！皮耶，你快來看，真的好美！」居禮夫人忍不住驚喜歡呼出來。

23

　　一種全新元素誕生了，銀白色的結晶出來了，因為強烈的放射性，它在黑暗中發出淡藍色的光芒。

居禮夫婦早已為它取好了名字，稱為「鐳」，拉丁文原意是「放射性金屬」。初步提煉出來的「鐳」，放射性是鈾的九百倍，但是礦石中含量非常非常的稀少。

這個發現花了多少功夫呢？

居禮夫婦一起苦幹了四年，總共用了八噸廢礦，相當於今天十六部大卡車的載量，經過數百次的濃縮合併，最後得到的鐳結晶僅0.1公克，相當於只有半茶匙的白糖量。

根據他們的紀錄，他們總共嘗試結晶5677次，除了苦工之外，他們還付出了健康的代價，他們兩人的雙手都被鐳的放射性灼傷，皮耶甚至還用自己的手臂來測試「鐳」產品的殺傷力，因此他們兩人身體一直相當的屏弱，居禮夫人後來病逝於血癌，也是因多年來接觸放射性所造成的。

但是往好的一面看，因為他們的研究貢獻，皮耶發明利用鐳放射治療皮膚癌的療法，是開創放射治療癌腫瘤的先驅。

居禮夫人於 1903 年獲得博士學位，同年，由於鐳的發現、放射線的利用，居禮夫婦同時榮獲諾貝爾物理獎。

孤軍奮鬥

　　三年後，夫婦兩人依然忙碌於工作與家事，有一天傍晚，皮耶的兩位同事突然出現在居禮家，居禮夫人感到不尋常的預兆，但絕沒想到是晴天霹靂的惡耗。

　　皮耶在鬧市準備過街，心中想著研究工作，沒有注意到迎面而來的馬車，馬撞倒了皮耶，接著車輪壓碎了他的頭顱，當即失去了生命。

　　居禮夫人無法接受如此巨大的悲痛，從此身旁少了一位愛侶，家庭裡兩位女兒少了慈祥的爸爸，研究室裡少了一位良師益友，有好長一段日子，她在悲痛中獨自流淚，萬念俱灰。

　　過了數個月之久，居禮夫人終於想到兩人共同的理想，不能就此讓悲痛淹沒。她毅然肩負起所有責任，在家撫養愛女，在校忙於授課研究，生活漸漸恢復到正常軌道。唯一令她反感的，是應付來自四面八方的媒體記者，幾乎到了不能忍受的地步。「他們占去我太多的時間。」她說：「我真希望挖一個地洞把自己藏起來。」

失去了皮耶，在人生的旅程上不免寂寞，但是居禮夫人沒有灰心自棄，反而勇往直前，擔負起家庭與研究的全部責任，由於她的鑽研，為放射性化學開創了一片全新的天地。

　　鐳的發現，只是居禮夫人對放射性一連串重大研究的開始。

　　首先她承續了皮耶的工作，利用鐳的放射性發展了醫學新技術。放射性可以直接穿透人體的內部結構，讓醫師能檢查出骨折及腫瘤，也可以殺死癌細胞，治療癌症，這些技術在今日醫學已經廣泛利用，但居禮夫人卻是當年的第一人。

在第一次世界大戰期間，她更曾經把自己的車子改裝，帶著鐳及有關設備開往戰火前線，替前線的傷患服務，為他們檢查骨折、療傷消毒，她的勇敢、智慧與愛心，打動了每一位戰士。

由鐳開始，居禮夫人在研究室又有驚人的新發現，那就是不同元素之間可以轉變，特別是不穩定的放射性元素，可以轉變為穩定的非放射性元素，這個現象稱之為「元素蛻變」。非放射性元素，在高能放射性「激發」之下，也可以變成帶有放射性。這個發現，在當時科學界是難以置信的。

由「元素蛻變」科學家才進一步了解到原子核裂、連鎖核反應，終於製造出驚天動地的原子彈，以及核能發電廠。這些雖然是後話，若不是居禮夫人發現元素蛻變，「同位素」、「原子彈」大概會延遲十幾二十年

才會出現。今天放射性同位素在科學研究、醫學技術、地質考古等方面都已普遍應用，不足為奇了。因此世界尊稱居禮夫人為「放射性之母」。

一連串的研究與發現，使居禮夫人在1911 年再度得到了諾貝爾化學獎。當年獲獎人中，她不但是僅有的女性，也是唯一獲得兩次諾貝爾獎的科學家。

小華的爸爸結束居禮夫人的故事，三位小朋友仍然神往不已，沉默好一陣子。

「那居禮夫人的兩個女兒怎麼樣了？是不是也接著做研究？」永遠好奇心重的小明發言。

「啊！我忘記提了，」小華的爸爸接下去說：「居禮夫人後來請她的長女愛琳做助手。愛琳非常聰明能幹，她的丈夫也是科學家，婚後便在居禮夫人的指導下一起做研究。

他們利用電子能來產生放射線，不必再依賴天然的鐳或鈾元素，現在醫院用的 X 光透視，便是人造放射線。

居禮夫人的女兒與女婿，也於 1935 年獲得諾貝爾獎。可惜居禮夫人在他們獲獎的前一年因血癌去世了，不然她也可能與女兒、女婿分享大獎，而且是三度得獎。

　　她的小女兒伊芙，沒有接傳科學家的
衣缽。她是音樂家，居禮夫人去世後，她
決心為母親寫一本傳記，所以遍訪波蘭親
友，並收集許多科學資料，寫成了一本著
名的《居禮夫人傳》，讓後人能更深入的
了解居禮夫人的故事與成就。」

「為什麼有人那麼聰明?」小強深受居禮夫人的成就感動:「而我還在為考試不及格擔憂。」

「有天資也要有努力才能成功啊！你們都不笨，再加上努力，一定會有出色的成績。」

「爸爸，您也那麼用功，是不是也會像居禮夫人一樣偉大?」小華最崇拜爸爸，忍不住問。

「我是一位普通的科學家，個人貢獻有限，但是普通科學家人數眾多，加在一起的成就也會相當可觀。在眾多的科學家中，偶爾會出現少數的天才，就像居禮夫人、牛頓、愛因斯坦這樣的人物，而他們的出現就好像是上帝派來的天使，告訴我們更多天地的奧妙，為我們開一道門，進入一個新境界。科學家不能自大，我們的『已知』比起我們的『無知』，仍然少得可憐。」

小華的爸爸說著說著，像在自言自語似的，每一次述說居禮夫人的故事時，他就更加敬仰這位高貴的科學家。

居禮夫人 小檔案

1867 年　瑪麗‧史克羅可多士卡出生於帝俄統
　　　　治下的波蘭首都華沙。

1878 年　母親過世。

1885 年　為讓姐姐前往巴黎留學,隻身離家擔任家庭教師。

1891 年　留學巴黎。

1893 年　完成物理學位。

1894 年　與皮耶相識,後完成數學學位。

1895 年　與皮耶結婚。

1897 年　長女愛琳出生。

1902 年　成功提煉出鐳。

1903 年　獲得博士學位,同年與皮耶同獲諾貝爾物理獎。

1904 年　次女伊芙出生。

1906 年　皮耶為馬車所撞,意外死亡。

1911 年　榮獲諾貝爾化學獎。

1913 年　回祖國波蘭。

1916 年　第一次世界大戰期間,將自己的車子改裝,
　　　　帶著鐳及有關設備前往前線治療傷兵。

1918 年　第一次世界大戰結束,波蘭獨立。

1921 年　前往美國演講。

1934 年　因血癌去世。

1935 年　長女愛琳與女婿榮獲諾貝爾化學獎。

寫書的人
石家興

石家興從小喜歡唱歌、編故事,也愛看電影,中小學時愛好收集電影故事。臺大醫學院生化研究所畢業後,到美國康乃爾大學留學,雖然學的是生物化學,但是對音樂與文學也很喜歡,兩個兒子小時候,最喜歡聽他編的故事,因為他用很簡單的話把複雜的科學講給他們聽。現在最快樂的事,就是有機會為孩子們寫書。

他曾在美國北卡羅來納州州立大學教書,發表無數有關生物科技的英文論文,並有十項技術專利,但最得意的是有一本中文著作——《牛頓來訪》,以及三本為小朋友寫的書——《細胞歷險記》、《陋室底下的光芒——居禮夫人的故事》和《科學界的明珠——居禮夫人》,都在三民書局出版。

畫畫的人
吳健豐

吳健豐念小學時因喜歡塗鴉,幾乎所有課本都畫滿小圖,老師大概是看不下去了,於是送他一本素描簿和一盒蠟筆,從此就與畫畫分不開了。

除了畫圖之外也從事過卡通背景繪製、室內設計、建築工程等工作,但仍然無法忘情他對畫圖的熱愛,於是在「朋友的鼓勵」這個藉口下,又重拾畫筆了。